JN419601

꽃잎에 물다

송남영 시집

꽃 편에 묻다

동행

세파도 겪을 만큼 겪은 후
늦깍이로 2005년 시에 입문하면서
스스로 다짐한 게 있었다.

비록 일상에서는 못 지키더라도
시만큼은
사랑과 진실의 마음으로 쓰겠다고

이번 시집을 내놓으며
스스로에게 부끄럽지 않았으면
참 좋겠다.

2025. 10월 송남영

■ 차례

■ 시인의 말

1부

2부

3부

4부

숲은 아늑한 그늘 만들고
보이지 않는 길을 품고 있다

한로寒露

시간은 슬며시 다가왔다가
뒷꿈치를 들고 가다

핑크 와인

새해 첫날 마시는
와인 몇 잔

그 빛깔 너무나 고와 한참
들여다보고 한 모금씩 마시네

눈길 돌리니
와인보다 고운 얼굴
고즈넉이 앉아 있네

와인 몇 잔에 취했는지 얼핏
샤ㄹ로테가 또 한잔을 권하네

와인 빛깔은 언제나
내 마음만 같아

꽃 편에 묻다

올해도 목련이 가득 피었습니다

어제는 수줍어 솜털 뒤에 숨더니
이제는 온몸으로 춤추는 순백의 발레리나

눈부신 하얀 곡선이 꽤나 오래도록 나를
창가에 머무르게 합니다그려

이내 툭 툭 지는 꽃 이파리
하얀 소리에
하릴없이 한마디 던져봅니다

요즈음 잘 지내시지요

누구나 숨고 싶을 때가 있다

- 개기월식

낯선 손님이 집에 오면
인사드리라는 말에
숫기 없는 대여섯 살 사내아이는
엄마 치마폭에 숨곤 했는데

어제는 속살이 훤히 드러나게
다 자란 달님이
슬그머니 그림자 속에 몸을 감추더니
급기야 얼굴마저 붉어집니다그려

새삼스레 알몸이 수줍어진
이른 매화 꽃망울도
달빛 그늘 뒤켠에서
살며시 벙글고 있더이다

이슬 동화

잎새 다 떨군 단풍 가지 끝에
이슬방울 맺혀 있네

밤새 바람과 별이
추위 타는 어린 꽃눈 돌보다가
슬며시 감싼 우주의 입김

방울 방울에는
하늘과 구름과 태양이 비치고
유치원 가는 아이들도 들어와 있구나
잠자리 겹눈처럼
온 세상을 품고 있다

작은 우주의 꽃망울이 여는
영롱하고도 환한 내일

내 유년의 동화책 속 그림 같이

봄길을 걸으며

누가 온 누리에
레몬즙을 뿌려놓았나

나뭇잎에서 신맛이 난다
함께 가는 숲길

힘겨워도
가야 할 길
웃으며 걸어야지

하늘과 바람
그리고 햇빛이 서로
어울린 초록 발걸음

이제는
자연스레 이야기할 수 있으려나
사랑한다는 말

빗방울 산조散調

거세게 쏟아지는 빗방울
덩달아 나뭇잎 춤사위
격정에 못 이겨 절절하다

어느 계절의 길모퉁이던가
말 달리듯 거친 숨결 몰아쉬며 내닫던 날

세찬 빗줄기 등에 진 채 걷고 또 걸었지

먼 길 돌고 돌아 이제
뒤 안의 세계로 돌아가는 빗방울

작은 윤회輪迴의 길에
가야금 퉁기는 소리

한 여름밤 사유思惟는 깊어가고
산하山河는 속속들이 젖어 들고 있었다

숲길에서

비바람에 쓰러진 백양나무
하얀 피부가 섧다
깊지 않은 뿌리 탓일까

이러면 안 되지 다독여 보아도
어쩔 수 없이 흔들리는
하늘빛 흐린 날이 있다

사람 믿음으로 살아가야지
이따금 저버림도 받지만
늘 같은 자리로 되돌아오곤 했다

나무들 때로 넘어지지만
숲은 언제나 그 자리에서
아늑한 그늘 만들고
보이지 않는 길 품고 있었지

둥지 떠나는 까치처럼

십수 년 살아온 아파트에서
이사를 한다

짐들 먼저 보내고
텅 빈 집 나서는데
누구와 인사를 나누어야 하나

베란다 앞 목련 산수유
매일 걷던 산책로
세월의 흔적에 눈길 머무는데
작별할 이웃이 없네

얻은 것도 잃은 것도 없는
허허로운 시간

훌쩍 둥지 떠나는 까치는
뒤돌아보지 않는다

기억 너머

오랜 그리움으로
그리는 그림

지나간 아픔은
무슨 색일까

기억 너머의 기억은
일렁이는 원형질 물결이다

바람 불어
나뭇잎 지고
새들이 날아간 공空의 대지

난蘭 두 촉이
조심스레 고개를 든다

\- 성옥星屋 정창기 전시회
　"기억 너머의 기억"에서

장마

사람도 나무도 새도
모두가
흠뻑 젖었네

쏟아지는 빗속
우크라이나의 슬픔이
이태원의 아픔이 핏물처럼 고인다

미사일이 날고
베네치아가 잠기고
시의 눈물이 방울 방울진다

사람 나무 새
한마음으로
하릴없이 빗길을 간다

빛살무늬

졸음 운전 버스가 질주하고
기울어진 여객선이 내달리고
천년 고도 경주가 흔들리고
비쓸비쓸
공화국이 촛불에 타들어 가네

흙 마당 가득 쌓인 묵은 세월
빗자루로 쓸고 쓸어
겹겹 시간의 때 서서히 벗겨지고

맨땅에는 빗질 자국만 남아있네

언제
밝은 햇빛이 들어

영롱한 빛살무늬가 될까

- 선사시대의 빗살무늬 토기에 새겨진 빗살 모양의 무늬는
  태양의 빛살을 상징하는 빛살무늬라는 학설이 있음.

남과 북

증오憎惡가 증오를 불태우고
공포恐怖가 공포에 휩싸여
증오는 일상이 되고 일상이 공포가 된다

핵이 핵을 부르고
미사일이 미사일을 쫓는
삼엄한 틈새를 비집고
시간은 언제나 그렇듯 제 길을 간다

손을 흔들며 아이들은
노란 버스를 타고 어린이집으로 가고
청명한 하늘 아래 벼 이삭은
모개 숙여 영글어 간다

여명의 햇살은 어김없이 찾아와
어둠의 뒷자락을 씻고
솔바람은 뜨거운 대지를 다독이는데
스스로 할 수 있는 것이 없는
빈손의 아픔이 뼛속 깊이 시리다

아, 어느 날에야
*백마白馬를 타고 오는 초인超人이 있어
목 놓아 부를 것인가
이 땅의 우렁찬 노래를

- 2017년 9월

쫓기는 봄

비가 옵니다
어둠을 씻어내려는 듯 내리고 내립니다
봄이 떠나려나 봅니다

하늘은 이 땅과 아득히 멀어

철없는 목련 따위가
벌거벗은 채 밤을 떨고
진달래 뚝뚝 피멍울 들어도
그저 봄 탓이려니 여겼답니다

세상 어딘가
전쟁의 섬광이 번쩍이고
비명소리 가득해도
그냥 불꽃놀이로 아나 봅니다
우리네 청맹과니처럼

오늘은 밤이 다 씻기어 훤해지도록
종일 비가 옵니다
차마 하룻밤 씻김굿도 없이
이 봄을 마감할 수는 없었나 봅니다

부끄럽고 부끄러워서

- 2025년 봄

송백 분재

어느 솜씨 좋은 예인藝人이
흐르는 세월의 덜미를 낚아
허리춤 휘어잡고 사지를 비틀어
즈믄 밤 밧줄과 씨름하더니

마침내 청징淸澄한 모습으로
우뚝 선
인고의 작은 구도자

숨 쉬는 박제剝製

운전 일기

약속 시간 재깍재깍
꼬리에 꼬리 무는 뱀꼬리
자동차 행렬

시뻘건 눈 껌뻑껌뻑 들이대는
저 무뢰한
더 이상 양보는 없다 이 앙다무는데
저절로 오른발이 브레이크를 밟네

차 한 대
품지 못하는

한 뼘 여유 없는
가난한 마음의 뜨락

오늘은 어디를
그리 급히 달려갔는가

겨울나무

어쩜 저리도 홀가분할까
맨몸으로
햇살 맞는 나무들

부챗살 가슴 쫘아악 펼쳐도 보고
맘껏 두 팔 뻗기도 하고
잡목 틈새 헤치고 일어서는 모습까지
그루 그루마다 제 삶을 이야기 한다

철학자인 양 하늘 향해
웃고 서 있는 자작나무
늙은 시인처럼 뒷짐 지고
어슬렁거리는 배롱나무

어딘가 성급한 춘란 하나쯤
곰실곰실 고개 들지 않을까

나도 한 그루 나무 되어
어우렁더우렁 함께 걷는
겨울 오솔길

시월의 밤

하루를 정리하고 자리에 들면
흥건히 번지는 자유의 향기
침상은 포근히 지나간 시간을 위로한다

걱정거리 떨쳐버리고
온몸을 중력에 맡기며
마음도 가지런히 함께 눕는다

다은이와 유나의 배시시
웃는 얼굴 그려 본다

창밖 느티나무 노란 잎새
수런거리는 소리 들으며
물안개 스미듯 빠져드는 단잠의 오솔길

이에 무엇을 더하랴
시월의 밤이 깊어 가는데

- 다은과 유나: 손녀 이름

먼 겨울길

한 달 치 고혈압약을 받고
교통카드에 삼만 원어치 충전하고 나면
갑자기 작은 부자가 된 듯

당당히 계단을 올라 지하도를 나서면
면도날 칼바람

파란 하늘은 끝없이 깊고
잎새 하나 없는 플라타너스가
앞장서 동행하곤 했지

잃어버린 길을 찾아
얼어붙은 마음의 정점에서 바라본

먼 겨울 길의 희미한 소실점이여

일과日課

아침 식사 후 약 몇 알
SNS 창 너머
세상 소식을 듣는다

모두 제 길을 가고
기억은 차곡차곡 쌓여도
서랍 한 귀퉁이는 비어간다

피아노 선율처럼
빈 시간은 흘러가고

이제 나를
사랑해야 할 시간

2부

삶의 그늘집에는
에스프레소 향이 그윽하다

핑크뮬리

연분홍 꿈결 사이
설핏 스치는 얼굴

풀잎 너머
가을 저편 바람이
별빛처럼 스며든다

마음 조리개 열어 담아보는
노을 속
머 언 그리움

삶의 그늘집에는
에스프레소 향이 그윽하다

시 한 편 쓰려고

마음의 강물 위에 몇 줄
끄적이다가

이내 흘려보낸다
손가락 사이로 빠져나가는
모래알처럼
내 가을의 시간이 샌다

싱그런 은어
찰랑거리는 금빛 물결
어디로 갔나

내년에는
꽃망울 하나 툭 터질까

무슨 소식 없나요
- 코로나 거리두기

종이 비행기라도 날아오려나
저 산 너머

온종일 실개천 서성이는
왜가리 긴 목이 섧다

낙엽송 마른 가지 사이
텅 빈 까치집

졸음에 겨운 낮달이
잠시 머물다 슬며시 돌아가네

COVID-19 마스크

온 세상 얼어붙고
사람들 꼭꼭 숨었지

한 뼘 마스크 뒤켠으로

곰실곰실 수염이 자라고
립스틱 입술 대신
민낯이 자리를 잡았다

철벽 방패
삶의 두려움 부끄러움도
앞장서 막아주었지

너와 나
나와 너 차이를 없애고
함께 싸우는 힘이 되었네

작은 가림막이 21세기
새 시대 커튼을 열어 젖히고 있다

마음의 화로

재를 헤치면
잘 익은 석류 알갱이
송알송알

온종일 곱았던 손가락도
금세 펴지곤 하였지

빙 둘러앉아 도란도란
바알간 얼굴 얼굴들

사그라진 재 속
남겨진 마음이
아직 따스할 것만 같아

바로서기直立

인류가 직립하기까지는
수십만 년 시간의 열차가
숨가빠 달려왔는데

열 달도 못 되는 고사리손이
하늘 움켜쥐고 걸음마를 시작한다

아가야,
이제 너는 새로운 세계로
들어서는구나
똑바로 서는 일은 삶의 시작이자
평생 지켜야 할 명제란다

하늘 향한 우듬지처럼
앙증맞게 일어서는 발돋움

내일의 문이 열리고 있다

삶의 처방전

고개 빳빳이 쳐들고
가슴을 쭉 펴고
허리 꼿꼿이 세운 채
두 팔 힘차게 흔들며 걸어야 한다
아랫배에 힘을 주고
조금 거만하게

눈높이는 항상 위에 두고
낮은 곳엔 흘깃 눈길조차 주지 마라

그래야
디스크도 낮고
세상 편히 살 수 있단다
잘 사는 길이란다

트라우마

몇십 년이 흘러갔는데
해마다 어김없이 찾아오는
속앓이 꿈이 있다

무엇이 잘못된 건지
사업이 막다른 골목에 몰렸다
진땀이 흐른다

담배에 불을 붙인다
한 모금 깊이 빨아들이고는
이내
깊은 회한을 내뿜는다

긴 시간의 강물을 거슬러
잊혀진 상흔이
용트림하며 지나간다

새해, 지난 것들에 대하여

버릴 것 버리고
소중한 것들 주섬주섬 챙겨
서둘러 창문 열고 새해를 맞는다

어릴 적 한약방에 가면
주렁주렁 천장에 매달린 하얀 약봉지들

해마다 모은 것들
마음속 뒷방 천장에 달면
아마 한약국만큼이나 가득할 텐데

약봉지마다 이름이 쓰여있듯
내 추억의 봉지에도 하나하나
이름을 적어 놓을까

멀어지는 것들 뒤돌아보며
새길을 나선다

꽃샘, 봄

언제 순탄히 온 적 있었나

생채기 한 아름 안은 채
봄이 왔다
몸통만 남은 버즘나무 기지개를 켠다

겨우내 애지중지 키운 꽃눈
왁자히 피었다 우수수 지고

화사한 꽃망울
뒤안길이 섧구나

어떤 미소

누가 심었을까 진달래, 철쭉, 아기똥풀 사이 숨죽이며 한뼘 한뼘 꿈의 키를 키우고 있는 꽃 실개천 옆 길섶을 명사십리 제 고향쯤으로 알았나 오두마니 앉아 목에 걸린 명찰로 반갑게 인사를 건넵니다 저는 해당화, 섬마을 태생입니다 지난 한 해 고마웠습니다 올해도 꽃 피우게 허락해 주세요 눈웃음 화사한 꽃송이가 마음을 흔듭니다 그 어느 날 눈부시던 스카프처럼

석양 무렵 할머니 한 분이 지팡이로 막 망울 부푸는 꽃가지를 두드립니다 행여 다칠세라 지켜보았더니 여린 잎새 갉아 먹는 벌레를 쫓고 있었습니다 순간 어릴 적 동네 친구랑 다툼이라도 있으면 열 일 제치고 편들어주시던 이모님, 그 이모님 모습이 스쳐 갔습니다 해당화 해맑은 꽃망울이 카메라 조리개 속으로 슬며시 들어 옵니다 싱그런 미소와 함께

실개천에는 찰랑찰랑 윤슬이 가득하고요

어느 여름

바람 불어
푸른 솔 낮잠을 깨운다

문득 무게를 찾은 듯
허공에 기대어 선 채

짐짓 자유처럼
손짓 몸짓을 하다가
말없이 멈춘다

시간의 물결 따라
바람은 다시 불어도

묵묵히 제자리 서서
먼 산만 바라본다
허수아비처럼

9월

순간이더군

하룻밤 사이
먼 산이 다가오고
유년의 기억처럼 하늘은 깊어졌네

발걸음 가벼워지고
아이들은 키가 훌쩍 커 버렸다

보탤 것도
뺄 것도 없는 시간

내 마음 아는지
휘파람새 한 마리 휘리릭 뒤돌아보고
날아갈 채비를 하네

가을 연가戀歌

붉은 허리 드러낸 장송長松 한 그루
허공에 빛살무늬를 그리고 있네

늘 새로워지라 바람은 다독이고
여울은 마음의 빗장을 열라더니

어느 꿈 많은 선인先人
애틋한 바램으로
둔탁한 토기에 새겨 넣은
햇살 문양처럼

푸른 솔이 온몸으로
하늘 캔버스에 그리는 연가

나도 속마음 풀어헤쳐
수줍은 세레나데 불러나 볼까

모과나무

바라만 보아도
곁에 있기만 해도

서러움마저도
아름다운

가을
깊은 그 얼굴

가을 뒤뜨락

뒤돌아보면
아쉽지 않은 시간 어디 있으랴

잎새 다 떨구고
빈 하늘과 마주 선 나무
일렁이는 바람결에
새삼 허리가 시리다

한 해의 기쁨과 아픔 모두
한 줄 나이테에 새겨놓고
긴 겨울잠에 빠져드네

나무 아래 낡은 의자에
가랑잎 몇이 앉아 도란도란
서로를 위로하고 있다

과수원의 가을

늦포도 따는 검은
거북손이 분주하다

길게 배 깔고 누운 관악冠岳이
기지개 켠다 비 개인 오후

산등성이 허연 바위 심줄 따라
나무들은 갈기 세워 산정으로 내달리고

허리 굽은 등줄기 쭈욱 펴고
부르르 농부는 몸을 턴다

골짜기마다 여위어버린 물줄기
청둥오리 몇 차례 푸드득 날면

포도나무 가지에는
겨우내
텅 빈 시간 주렁주렁 매달리겠지

11월

가을걷이 다 끝나고

덩그러니 남은 볏짚 더미

한 해의 햇살과 바람이 남긴

하얀 유골함

갈가마귀 몇 마리 조문을 하네

텅 빈 들녘

어둠이 깊어지면

별똥별 몇 개 찾아오려나

3부

해넘이 속 긴 그림자
낯선 여로의 실루엣을 감싸안고

모과처럼

익다 익다

마침내
검붉게 물들어 내뿜는

삶의 깊은 향기

백담사

백담百潭이
만홍滿紅이더라

간밤에 뿌린 비
해묵은 아픔 다 씻어내고
살포시 피어오르는 물안개

가난한 마음이
설핏 훔쳐본

머언 피안彼岸
황홀한 노을이여

청산도 靑山島

넘실넘실 유채 너머
동백 마지막 꽃이 지는데

길섶 수선화 다소곳이
낯선 발걸음과 눈을 맞추네

지붕과 지붕 머리 맞댄 채
야트막 돌담 끼고
쉬엄쉬엄 살아가는 곳

청보리밭 출렁이는 달빛 물결
바짓가랑이 흠뻑 젖은

머언 청산 언덕길

구절초 가을

피어오릅니다
온 산 가득
은은히 퍼져나갑니다
하얗게 하얗게

아침 이슬 영롱히
눈인사하네요

꽃길에서는 누구나 꽃이 되지요

담담한 미소의 늪에
푹 **빠졌습니다** 그만

---

*구절초 꽃말: 가을 여인

맨발의 오후

- 격포 채석강에서

꺽도요*는 어디쯤 날고 있을까

모래 위 발자욱 이내
흔적 없이 사라지고

수평선에 걸린 붉은 해가
넌지시 일러주고 있다
한 사람을 사랑한다는 것이 무엇인지

노을빛 살포시 젖어드는
맨발의 오후

채석강 까마득한 세월의 나이테
또 하루해가 진다

---

*꺽도요: 송수권의 시 "꺽도요 발자국"에서 차용.

패러글라이딩Paragliding

- 단양에서

긴 날개 활짝 펴고
선회하는 새

신록 휘감아 도는 쪽빛 물결
동공에 가득 담고

마음풍선은
두둥실
한 조각 구름이어라

육백고지 창공에 펼친
에메랄드 꿈결 한 자락

삶의 묵은 때 휘리릭
날려 버리는
바람 한 줄기

통영

청마가 세상을 떠났을 때보다
열 살이나 많은 내가

청마의 우체국을 둘러보고
시 한 편 쓰겠다고 밤잠을 설쳤다

오늘, 애머럴드 빛 詩가 꿈틀대는
미륵섬 바다를
마음의 조리개 속에 담아 본다

수평선에 나부끼는 노스텔지아
끝없이 부서지는
사랑과 연민의 하얀 포말

잊어버린 것에 대한
먼 그리움이여!

소록도

보리피리* 울며 불며
발가락 하나씩 떨구던
남도 황톳길

이제야 찾아왔네
멀고도 먼 바닷가

잊혀진 전설이
바다 안개처럼 피어오른다

중앙공원 누런 너럭바위에 새겨진
피리소리
피-ㄹ닐리리, 피-ㄹ닐리리

새삼 고개 떨구는 마음
푸르디푸른 아름드리나무들이
그늘로 감싸 주었다

_____

*한하운 시: 보리피리

정월 제주

아름드리 팽나무
녹나무랑 어깨동무하고
해송 묵묵히 세월을 품고 있다

애기동백 들불처럼 흐드러지고
어깨너머 하나둘 숨바꼭질하는
토종동백 굵은 꽃망울

먼나무는 불그스레

하얀 고깔 쓴 한라산
멀리서 빙그레

억새 휘날리는 언덕
바람과 손잡고 걷는 길
하루 해가 너무나 짧아

고흐 마을(오베르 쉬르 와즈*)

길섶 수선화 해맑은 언덕바지
오베르 교회는 빛바랜 그림처럼 서 있었다

공동묘지 한켠에 무덤이 둘
왼편에 Vincent Van Gogh
오른편은 Theodore Van Gogh
무성한 아이비** 넝쿨에 덮여 있네

이름 생몰 년도 만 새겨진 채
나란히 서 있는 낡은 비석

"까마귀 나는 밀밭"에는
황량한 바람 가득하구나

백삼십여 년 전이라는데
마을 골목길에는
비쩍 마른 사내 하나
아직 서성이고 있었다

---

*오베르 쉬르 와즈: 고흐가 생애 마지막을 보낸 파리 근교 마을
**아이비 꽃말: 영원한 사랑

맹그로브 반딧불이Firefly

- 사바 다나완 반딧불이 투어에서

잠결에 든 열대 바다
나무들이 물 위에 그림자처럼 서 있다

숲에는 언제부터
작은 별들이 살고 있었나

수줍은 빛이 선율 따라 춤추며
밤하늘을 수놓는다.

한 점 두 점
바람 숨결 타고
무리 지어 날아다닌다

영롱한 반딧불이가 속삭이는
나즈막한 생명의 목소리

잃어버린 길을 밝히려 밤을 나서는
여리디여린
꺼지지 않는 작은 등불이여

동행

탕헤르* 노을 기억하시나요
아프리카 북쪽 끝

바다는
호수처럼 잔잔하고
낯선 얼굴들 해변을 걸었다

싹을 틔울까
앨범 속 사진 같은 여행길 만남이

무의식의 갈피에서 찾아낸
오랜 인연이었던가

길 위에서 만나
함께 걷는 저녁 노을
맞잡은 손이 따스하구나

---

*탕헤르: 모로코 북쪽 항구

양곤의 빛

하루 반나절 긴 강을 거슬러 오르는 뱃길 끝 무렵, 사람들은 피로에 젖어 들고 있었다 사방은 끝없이 푸르른 논, 지평선의 끄트머리에서 갑자기 바늘 끝 같은 광채가 빛나기 시작했다 승객들 하나둘 일어나 두 손 모아 섬광을 향하여 기도 드린다 멀리 밀레의 만종晩鐘 낮은음 소리가 들린다

배가 서서히 다가가자 작은 광채는 황금빛 원형의 돔으로 부풀어 올랐다 번쩍이는 온몸을 드러내는 쉐다곤 파고다, 거대한 미얀마 양곤의 불탑.수 킬로미터 떨어진 초원 너머까지 금박 탑신에 반사된 햇빛이 보석처럼 영롱하였다

뱃전에는 승려도 목사도 없이 물소리 바람소리 그리고 다냥한 햇살이 가득할 뿐인데, 두 손 모은 가난한 얼굴에 위로의 그늘이 서서히 드리워진다 빈 마음에 작은 행복이 그렁그렁 채워지고 있었다

투우와 병사
- 스페인 론다에서

(Ⅰ)
단 한 번의 축제를 위하여
소는 이 세상에 태어났는가

조국을 위해
신념을 위해
젊은이들은 전쟁터로 나아갔겠지

론다의 투우장에 끌려온 소는
저도 모르는 사이 용맹한 투우가 되고
관중의 갈채 속에 숙명의 깃발을 향해
두 뿔로 광란의 질주를 시작한다

병사들은 적군과 아군이 되어
필살의 총칼을 휘두른다
삶의 마지막 힘을 다하여

마타도르의 칼끝이 마침내 야성의 심장을 꿰뚫어
검붉은 피 분수 되어 솟구치면
관중들의 환호는 온 론다를 뒤덮었으리라

어떤 병사는 피 묻은 발을 구르며 승리를 외치고
어떤 병사는 비명을 부둥켜안고
누에보다리 아래로 꽃잎처럼 떨어졌으리라

(Ⅱ)
론다의 투우장은 기념관이 되고 누에보다리는 평화를
즐기는 관광객으로 가득하다

투우장과 누에보다리 사이에는
"헤밍웨이의 길"이 있어
오늘도 오가는 길손에게 묻는다

누구를 위하여 종은 울리는가.

코타키나발루*

젊은 날과 비취빛 바다
키나발루산은 멀고도 가까이

삶의 여정 한 모퉁이에
운명처럼 스며 있는 그리움이
불씨처럼 선연하다

들과 산, 바다와 함께 숨쉬는
카다잔 두순족 바자우족
그 눈 속의 그윽한
밀림의 깊은 초록 물결

뜨겁게 내려앉는 햇살이
탄중아루비치**를 붉게
붉게 적실 때

해넘이 속 긴 그림자
낯선 여로의 실루엣을
포근히 감싸 안았다

바이칼호

유배라도 되어
몇 년쯤
머무르고 싶어라

알흔섬 자작나무 숲
자작자작 스며드는 햇살
바스락거리는 바람 소리

수십만 년 포란抱卵 끝에
마침내 부화한 시베리아의 진주

비취빛 물결 먼 수평선이
정지된 시간처럼 청명하다

별빛 따라
먼 동쪽으로 동쪽으로
살기 좋은 터전 찾아 떠난 사람들
그 발자국은 어디에 남아 있을까

가슴 한 자락에
짙게 물드는
그리움의 수채화

시간 여행

잃어버린 시간을
만날 수 있을까

개미허리처럼 가파른 통로
더듬어 올라
마침내 쿠푸왕의 방
사천오백 년 숨결을 품은
피라미드의 심장

넓은 홀 한켠
텅 빈 커다란 석관이
묵묵히 길손을 맞는다

어둠 속 희미한 불빛
가늠할 수 없는 시간의 흔적을
두 손으로 아무리 더듬어 보아도

여전히 멀고 먼
신비한
이집트의 시간

북쪽 가는 길

- Norway = North way

벼랑 끝 올곧은 나무
하늘을 찌르고

수만 수억 년 쌓인 눈
얼음 강이 되어
산 정수리 너머 바다로 가고 있네

산마루 빙하의 속살
푸르고 선연하다

꿈의 갈피 적시는
맑고 순결한 빛이여

북쪽 가는 길
고요와 평화 가득하여라

람세스 2세

사막 언덕 위 우뚝 선 아부심벨 신전
거대한 석상이 세상을 압도한다

이집트인의 위대한 조상이
태양신들과 나란히 앉아
광활한 세계를 굽어본다

박물관 조명 아래
아마포에 싸인 파라오 미이라
암갈색 뺨 바싹 마른 입술이
잊혀진 왕국의 노래를 속삭인다

삼천삼백 년 전 영웅이
역사의 유물로 누워
먼 시간 여행을 꿈꾸고 있다

쑹하이족* 이야기

열대 깊은 밀림 강가

나무 위에 집 짓고
먹을 것은 숲에서 구한다

강에서 물고기 조금 잡고
돈도 없이 산다네

정부가 아파트 지어 줘도
싫다고
다시 밀림으로 돌아가는

자유로운 사람들

---

*쑹하이족: 칼리만탄섬 북쪽 깊은 밀림 강가에 사는 부족

4부

지나가는 바람은
농부의 마음으로 가라 하네

서릿길

강아지풀 마른 목 곧추세워
서릿발과 맞서고 있네
순교자인 양

가도 가도
보이지 않는 이정표

지나가는 바람은
농부의 마음으로 가라 한다

작별

텅 비었다, 한 귀퉁이가

무엇으로
메꾸나

저 빈 자리

산

산속에 마음 한 자락을
묻었습니다

땅속 깊이
깊이 묻었습니다

워낙 간절하고 소중한지라
안동포로 겹겹이 싸고 또 싸서
꽁꽁 묶어서 묻었습니다

차마 잊어서는 안 될 기억들과
애틋함과 죄송함을
한 삽 한 삽 떠서 덮고 또 덮었습니다

이제 어머니는 산이 되었습니다
산은 여전히 한 폭의 수묵화입니다

어머니 등잔

등잔에 불을 켜면
먼 고향이 다가올 것만 같다

창호지 문살에는 달무리 그림자 지고
어린아이 오므린 손 우물 같은
아직도 수줍은 벽걸이 등잔

그 희미한 불빛 아래
아이들이 자라나고
정겨움과 고단함이 나란히 흘렀다

불은 꺼지고
등잔은 잊혀가지만

마음 한 구석
어머니 등잔불 아직 따스하다

- 등잔 박물관에 가면 무수한 등잔들이 올망졸망 놓여있는데
그중 눈길을 끄는 덮개 없는 작은 벽걸이 등잔.
어머니가 시집와 처음 살던 시골 고향 집에서 보던 등잔이다.

어머니의 창

두세 평 남짓한 아파트 베란다
그리움을 한 포기씩 심은
올망졸망한 화분들
남천나무는 이제 천정까지 닿았습니다

붉은 하늘이 스러지고 어스름 깊어
블라인드가 내려진 창가에는

녹색 그리움이
어느새 무채색 외로움으로
다소곳이 앉아 있더이다

선물

중학교 입학 전날
아버지는 내게
커다란 교복과 교모를 입혀보시고
몇 번이나 빙긋이 웃으셨다

어쩌면
내가 드린
가장 기쁜 선물이
아니었을까

꿈길에 동행하다

아버지 머리맡에 작은 트랜지스터 라디오 하나

코 고는 소리에 살며시 전원을 끄면
'잘 듣고 있는데 왜 꺼'
다시 켜고는 잠결에 빠져듭니다

요즘 나는 유튜브를 켜고
아버지처럼
소리를 품에 안고 잠길에 듭니다

부자

따듯한 말
한마디 해준 적 있나

제 딴은
일가를 이루며
잘 살고 있다는데

하기야
언제 한번
흡족한 시 써 본 적 있나

불가역不可逆*의 길

유-턴이 없는 외길이다
시간은

어디서 시작되어 언제 끝날지 모르는
일방통행

잠시 숨고 싶어도
벗어날 수 없는

모든 것은 이 길 위에서 태어나고
또 사라진다

다만, 이 세상
유일하게 평등한 길이다

---

*불가역: 변화를 일으킨 물질이 본디의 상태로 돌아갈 수 없는 현상.

존재와 시간*

처음 시계 보는 법을 배울 때는 시침과 분침이 꽤나 혼란스러웠지만 이내 익숙해져 삶의 기본이 되었다 그런데 정작 시간의 본질이 무엇인지 언제 왜 만들어 졌는지 내게는 아직도 정립된 인식이 없다

정지된 시간에서 빙긋이 웃고 있는 영정 앞에 하얀 국화 한 송이로 고개 숙여 작별을 고告한다 시간의 갈림길에는 어떤 이정표가 있을까 그는 어떤 시간표를 따라 이 시간의 세계를 떠나갔을까 지나간 시간에 대한 화제로 빈 마음을 달래고 객客들은 하나둘 자리를 뜬다

시간만큼 정직하고 공평한 것은 없다 한다 편안히 웃으며 떠나는 얼굴이 내게 슬며시 시간이 무엇인지를 일깨워 주려나 보다 그는 시간의 본질을 깊이 터득하고는 일찌감치 먼 길을 떠나간 게 아닐까

---

*하이데커의 'Sein und Zeit'에서 차용함.

2019년 가−ㄹ

아아아아아아아아아아아아아아아아아.

비가 오네
- 김재홍 떠나는 날

산하를 촉촉이 적시는
겨울비

모자 쓰고
단장 짚고
헤어지기 좋은 날

비가 오네
온종일 오네

꽃 진 자리

– 류현상을 보내며

어느 무덥던 날
꽃 한 송이 멀리멀리 사라졌는데
그 내음 갈수록 짙어만 가고
다정한 목소리 귓가를 떠날 줄 모르네

동백꽃 지듯
바람 한 줄기 스쳐 가듯
말없이 떠나간 사람아

사랑과 우정, 올곧은 마음 하나로
백릿길도 뜀박질로 달리며
온갖 시련과 고통을 넘어
이제 희수喜壽의 그늘집에 다다른 사람이여

허벅지 근육 키워 오래도록
노후 즐기자던 약조
어디로 어디로 사라졌는가

이제 저 꽃 진 자리
무엇으로 채워야 하나

그 사람

– 강철은형을 그리며

커다란 구상나무였으며
한 줄기 바람이었다
푸른 잎으로 포근한 그늘을 만들고
늘 새로운 기운이 넘쳐흘렀지

꿈을 찾아 별을 찾아 밤을 새우고
깃발 들고 앞장서서 길을 나섰다

때로는 어깨동무 노래 부르며
질풍노도 길 걸어왔었지

서글서글 눈망울 정겨운 목소리
언제나 두 팔 벌려 맞아줄 줄 알았는데

이제야 바라보는 그의 뒷모습
아, 그립고 그리운 사람아

나의 형님아

분이 풀리나요

좋은 일이 있어 전화했어요
병원에서 조정안에 합의하자네요
의료과실을 인정한 거예요

입원 나흘 만에 아버지를
떠나보낸 따님의 떨리는 목소리

담당 레지던트는 문책을 피하지 못할 거예요
금액은 조정되지만 배상도 받고
분이 조금 풀리는 것 같아요

사십구제 날 몹시도
힘들어하던 얼굴
이제 작은 위안이 되려나

풀피리 즐겨 불던 그 사람
멀리서 그냥
빙그레 웃고만 있겠지

느티나무와 시간

수령 600년 보호수*라네

무성한 나뭇잎 떠나보낸
겨울나무
짐짓 경건敬虔하구나

세종대왕이
아직 살아 계시면 저와 같을까

사람은 사람의 시간을 살고
나무는 별의 시간을 사는가

하지만 황혼이 온 산하를
불그레 물들이면

사람과 나무, 별 모두 잔잔히
위로의 시간을 맞는다

■ 우석한담(盂石閑談)

　얼마 전 성옥星屋 정창기 화백이 내게 호를 지어 보내왔다. 바리盂 돌石으로 우석盂石, 넉넉한 마음을 뜻한다고 한다. 내가 이렇게 불릴 자격이 있는지 모르겠으나 흡족한 이름이라 고맙게 받았다.

　바리盂는 밥이나 음식을 담는 그릇을 뜻한다. 돌石에 대해서는 먼 기억이 있다. 고교 1학년 때 문예반에서 전 학년 작품 발표회가 열렸다. 신입생인지라 말석에 앉아 조심스레 김용호 시인(당시 서울대사범대학교수)의 심사평을 듣고 있었는데, 뜻밖에도 화석化石이라는 내 시를 과분하게 칭찬해 주셨다. 어쩌면 그때의 몇 마디로 나의 시에 대한 연緣이 지금까지 지속되는지도 모른다. 감수성이 예민했던 시절, 이때부터 돌의 이미지에 푹 빠져서 주로 돌을 주제로 습작했던 기억이 새롭다. 우석이라는 호에 걸맞게 앞으로 더욱 넉넉한 마음으로 살아야겠다.

　2016년 12월에 "자작나무 길게 선 그리움으로"라는 시화집을 박영철 화백과 함께 발간한 지 9년 만에 두 번째 시집을 낸다. 애초에는 첫 번째 시화집에서 쓰고 싶은 시는 대부분 다 썼다는 생각이 들어 생전에 한 권만 더 내겠다고 생각해 왔다. 그런데 4년여 전, 오랜 벗 류현상이 때늦게 시인이 되겠다고 시 모임에서 공부하고 있으니 나도 참여해 달라고 권유하여 자의 반 타의 반 모임에 나가게 되었다. 이후 모임 숙제로 쓴 시들이 어느새 시집 한 권 분량이 되어 망설이다가 이번에 출간하게 되었다. 그러므로 게으른 내가 두 번째 시집을 내게 된 것은 순전히 류현상과 시모임 동반자분들 덕분이다. 이제 나는 생전 3권 시집 발간으로 목표를 수정한다.

　지난달 우리 집 창가에 까치가 찾아왔다. 14층 아파트 창가에 집을 짓고 알도 5개나 낳아 놓더니, 17~8일 후 2마리가 부화했다. 새끼까치들은 하루가 다르게 성장하더니 십여 일이 지나자 털도 나고 덩치도 우람해져 둥지가 가득 찼다. 어미 아비는 열심히 먹이를 잡아 새끼들을 먹이고, 비 오는 날은 온몸으로 새끼를 품은 채 밤을 지새우기도 했고, 내가 새끼에게 접근하면 어디서 알고 나타나는지 두 놈이 맹렬히 달려들기도 했다.

　태어난 지 28일째 되는 날, 외출 후 돌아오니 아내가 "까치가 날아 갔어" 하는데 눈물이 그렁그렁하다. 아파트 정원을 돌며 찾아보았으나 흔적이 없더니, 까치 두 마리가 아파트 이쪽 옥상에서 저쪽 옥상으로 나는 것이 보였다. 혹시나 하고 3~4일 기다려 보았으나, 한번 떠난 새는 결코 뒤돌아 오지 않았다.

　새들은 새 생명을 위하여 온 정성으로 집을 짓고 한 달 반 남짓 살다가는 훌쩍 떠나 자유로운 제 삶을 산다. 즉 새들은 평소에는 우리네 인간들처럼 거주하는 집을 갖지 않는 진정한 보헤

미안인 셈이다.

까치와의 한 달 남짓한 인연이 긴 여운으로 남았다. 새가 알에서 생명으로 태어나 하늘을 날기까지의 짧은 시간은 사람이 태어나 성인이 될 때까지의 긴 기간을 압축해 놓은 듯한 느낌이다. 태초에는 모두가 새들처럼 단순한 삶Simple Life이 아니었을까. 본능으로 순리에 적응하며 최선을 다해 자유롭게 살아가는 새의 참모습을, 그리고 자연의 포용력을 새삼 절감하였다.

이즈음 나는 광교 호수공원 한 바퀴 산책을 즐긴다. 한 시간 남짓 걷는 코스로 주변 환경도 잘 개발되어 있어 조용하고도 아름다운 장소이다. 봄에는 버드나무 물오르는 소리가 보일 듯 하루하루 짙어지는 연녹색이 매력적이고, 여름에는 더위가 뒷걸음친 저녁 무렵 생맥주 한 잔으로 호숫가에 앉아 잡담 나누는 재미도 빼놓을 수 없다. 가을은 우리 온 산하가 그렇듯 소슬한 바람이 스치는 호반의 정취 또한 일품이고 순백의 겨울왕국이 찾아오면 하얀 꽃술 날리는 갈대와 함께 얼어붙은 고요의 소리를 들을 수 있다.

광교 호수공원은 결혼 전 아내와 보트놀이를 즐기던 곳이다. 당시에는 원천저수지라고 불리며 주변은 야트막한 산에 둘러싸인 그야말로 목가적인 분위기였는데..., 그때 힘주어 노를 저으며 낄낄대던 시절이 엊그제만 같다.

앞으로 "호수공원 4계"라는 제목으로 Photo-Essay집 하나 만들어 볼까 궁리도 해 본다.

나는 올빼미 체질에다가 천성이 게을러 시간에 대한 관념이 투철하지 못한 편이라 이제껏 시간에 대해 무심한 편이다. 하지만 유한한 인생에서 상당 기간을 흘려보내고 나니 이제야 시간의 의미를 곱씹어보게 된다. 마음과 달리 꽤 많은 시간이 흘러갔고 또 많은 일도 겪었다. 잘한 것은 별로 없고 주위에 신세만 많이 졌다. 다만 내가 매사에 비교적 긍정적인 편이라 그런대로 이제껏 마음은 편히 살아온 것 같다. 부모 형제와 가족들 그리고 좋은 친구들이 있어 외로움을 모르고 지낸 편이다. 이따금 먼저 가는 친구를 보내며 아쉬움을 시로 달래도 보지만, 어쩌랴 시간의 불가역적 물결 따라 남은 시간여행을 충실히 해야 할 밖에. 하이데커는 시간 구조 속에서 자신을 자각하며 살아가는 실존적 존재를 현존재Dasein라고 이야기한다. 새삼 과거 현재 미래의 시간 속에 자신을 자각하며 실존적 존재로 살아가야겠다.

　근년 들어 여행지에서 우연히 젊은 벗들을 만나 가족 같은 우애가 맺어지기도 하고, 생각지도 않던 비슷한 연배의 화가와 호형호제하며 동락 하는 사이가 되고 보니 앞으로의 시간도 이렇게 즐거운 일이 기다리지 않을까 기대도 해 본다.

2025년. 7. 10
송남영

만개한 서정이 들려주는 절대적 자유의 노래

정우진
(시인)

　지난 제1시집 『자작나무의 길게 선 그리움으로』에서 감각적
이고 예리한 시선으로 충일한 서정의 아름다움을 보여주었던
송남영 시인이 이번에 제2시집 『꽃 편애 묻다』을 상자하였다.
이번 시집을 통해 그는 자연-세계-존재가 일치되는 과정과 기
쁨, 그리고 그 과정의 끝에 다다른 자아의 모습을 노래하고 있
다. 일체를 통해 세계 내 존재로서의 고통을 벗어 던지고 진정
한 자유를 맞이하게 되는 이 자아는 '빈 마음'으로 표상되는 죽
음 인식 뒤의 허무로부터의 자유로워진 서정의 추구로 도달할
수 있는 극단의 한 경지를 보여준다 하겠다. 그 과정을 찬찬히
따라가 보자.

1. 자연-세계-존재의 일체

자연은 서정의 근원이다. 인간은 자연을 보고 아름다움과 경외를 느끼고 그것에 자신을 투영하거나 세계가 투영된 자신의 일면을 본다. 따라서 세계의 자아화, 혹은 자아의 세계화는 서정의 기본 시선이다. 이러한 시선에서 도시로 대표되는 인위의 공간은 대개적 자연의 대척점이 되는 대상(공간)이다. 김준오는 이러한 도시가 가진 특징을 잘 보여주는 작품을 "도시시"로 정의하기도 하였는데 인간의 기본적인 감정, 일상적 행위 자체의 '박탈'을 작품에 담은 것을 특징으로 한다.

많은 시인들이 '인위'의 특징을 지닌 도시화 되고 현대화된 인간 세계에서 자연, 혹은 그로 대표되는 본원적 아름다움을 그리워하거나 자연이 박탈된 슬픔을 노래했다.

잎새 다 떨군 단풍 가지 끝에
이슬방울 맺혀 있네

밤새 바람과 별이
추위 타는 어린 꽃눈 돌보다가
슬며시 감싼 우주의 입김

방울 방울에는
하늘과 구름과 태양이 비치고
유치원 가는 아이들도 들어와 있구나
잠자리 겹눈처럼

온 세상을 품고 있다

작은 우주의 꽃망울이 여는
영롱하고도 환한 내일

내 유년의 동화책 속 그림 같이

—「이슬 동화」 전문

위 작품은 그가 도달한 시적 세계의 현상태를 잘 드러내 주
는 작품이다. 그는 단풍 가지 끝에서 이슬을 본다. 그는 이슬을
"우주의 입김"이라 칭한다. 대개적 자연물에 대해서 예찬할 때
거대하고 초월적인 존재의 '일부'로 표현한다. 이는 자연물을
정령, 혹은 토템으로 보는 시선이고 그것의 아름다움이 근원적
생명에 기반함을 강조하는 태도라고 할 수 있다. 시인은 여기
서 한 발 더 나아가 이슬을 직접적인 절대적 근원인 우주의 신
체 일부로 표현한다. 이러한 시선은 전체 우주가 각 자연물에
각각의 혼으로 존재한다는 자연에 대한 예찬적 태도와는 구별
되는 인식으로, 눈앞의 자연을 그 자체로 분화 이전의 우주의
신체의 일부로 여기는 태도라고 볼 수 있다.

그의 독특한 세계관의 정수는 3연에 있다. 그가 합일한 대상
은 자연-나에 '세상'이 포함되어 있다. "방울 방울"에 하늘과
같은 자연이 있고 그 안에 또 아이들도 있는데 거기에 "세상"
즉 인공물로서의 인간의 세계가 포함되어 있는 것이다.

눈길 돌리니
와인 보다 고운 얼굴
고즈녁이 앉아 있네

—「핑크 와인」 부분

누가 온 누리에
레몬즙을 뿌려놓았나

나뭇잎에서 신맛이 난다
함께 가는 숲길

—「봄길을 걸으며」 부분

차 한 대
품지 못하는

한 뼘 여유 없는
가난한 마음의 뜨락

—「운전 일기」 부분

　와인 안에 반가운 이의 얼굴이 있다거나 나뭇잎에서 신맛
이 난다거나 하는 합일의 그의 시선은 시집 곳곳에서 확인할
수 있다. 그리고 인간의 인공물로 대표되는 '자동차'로 표상되
는 인간의 이기로 인해 새롭게 발생한 인간(혹은 행위 형태) 또
한 배척이나 슬픔의 대상이 아닌 함께 이 세상에 있는 대상의
다름 아님을 노래한 이러한 태도도 시집 곳곳에 보인다. 이러

한 태도는 궁극적으로 자연과 현재 인간 세상, 그리고 나의 합일을 이루어 "숨 쉬는 박제剝製"처럼 모순되는 존재의 병치를 통해 "마침내 청징淸澄한 모습으로/ 우뚝 선/ 인고의 작은 구도자"로(「송백분재」) 거듭남으로서 "환한 내일"(「이슬 동화」)을 열게 되는 것이다.

2. 불가역의 시간으로 열리는 삶의 향기

시인이 열게 된 "환한 내일"을 조금 단순하게 표현하면 하나에서 여러 아름다운 존재를 보는 시선의 종착점이겠다. 이는 "얼어붙은 마음의 정점에서 바라본// 먼 겨울 길의 희미한 소실점"(「먼 겨울길」)으로 표현되기도 하고 "내일의 문"(「바로서기直立」)으로 표현되기도 한다.

연분홍 꿈결 사이
설핏 스치는 얼굴

풀잎 너머
가을 저편 바람이
별빛처럼 스며든다

마음의 조리개 열어 담아보는
노을 속
머언 그리움

삶의 그늘집에는
에스프레소 향이 그윽하다

— 「핑크뮬리」 전문

　위 시는 시인이 이러한 지점에 다다르게 된 과정을 단적으로
보여주는 작품이다. 시의 정황은 사진으로 핑크뮬리의 모습을
담는 과정이다. 그는 핑크뮬리에서 어떤 그리운 얼굴을 본다.
별빛처럼 스며드는 바람을 느끼며 그는 그리움을 담는데 그 그
리움이 쌓인 결과가 슬프거나 서럽지 않다. 오히려 "에스프레
소 향이 그윽"한 "그늘집"이다. 이러한 슬픔을 그윽한 향기로
치환하는 힘을 보여주는 작품이 「마음의 화로」이다.

재를 헤치면
잘 익은 석류 알갱이
송알 송알

왼종일 곱았던 손가락도
금세 펴지곤 하였지

빙 둘러앉아 도란도란
바알간 얼굴 얼굴

사그라진 재 속
남겨진 마음이

아직 따스할 것만 같아

            —「마음의 화로」전문

 그는 과거와 현재를 놓고 반대에 두지 않는다. 없어진 것을 슬퍼하고 그리워하는 지점에도 머무르지 않는다. "타고 남은 재가 기름이 되"(한용운, 「알 수 없어요」)듯 그는 다 타버린 재 안에서 "잘 익은 석류"를 본다. 그 작은 한 알로 "왼 종일 곱았던 손가락도/ 금세 펴지곤 하였"던 기억으로 그는 재를 없어지고 생명이 다 한 것으로 단정하기 보다는 그 안에서 남아 있는 현재의 소중함과 아름다움을 볼 수 있는 대상으로 여긴다. 슬퍼하지 않고 가만히 재를 들여다보는 행위는 자칫 눈물과 슬픔으로 가려질 수 있는 그 안에 담긴 "빙 둘러앉아 도란도란/ 바알간 얼굴 얼굴"을 찾아내게 한다. "남겨진" 것은 "아직 따스"함을 알고 있는 그이기에 "삶의 그늘집에는/ 에스프레소 향이 그윽"한 것이다. 물론 그가 "화사한 꽃망울/ 뒤안길이 섧구나"(「꽃샘 봄」)처럼 현재 슬픔에 대해 인식하지 않은 것은 아니다. 또한 그러한 분명한 인식을 분명히 하기에 현재에서 발견하는 긍정의 모습들이 관조적이고 관념적으로 읽히지 않는 것이다.

 그가 잃어버린 것에서 다시 기쁨을 찾는 태도를 보인 지점은 의외로 누구나 알고 있는 시간에 대한 평범한 진리에 있었다.

  시간은 슬며시 다가왔다가
  뒷꿈치를 들고 가다

1연 2행의 짧은 구성으로 이루어진 이번 시집의 첫 시인 「한로寒露」는 그의 시세계 전체를 관통하는 사유의 규준을 보여준다. 이번 시집에는 시간에 관한 그의 여러 시각들이 잘 드러나는데 그러한 시편 중 대표적이라고 할 수 있는 것이 불가역不可逆의 길이다.

유-턴이 없는 외길이다
시간은

어디서 시작되어 언제 끝날지 모르는
일방통행

잠시 숨고 싶어도
벗어날 수 없는

모든 것은 이 길 위에서 태어나고
또 사라진다

다만, 이 세상
유일하게 평등한 길이다
— 「불가역不可逆의 길」 전문

누구에게나 오지만 그 존재를 짐작할 수 없는 시간이라는 존재에 대한 인식으로 그는 가버린 것에 대해 슬퍼하기보다는 남겨진 것, 파괴된 것에 대해 분노하기보다는 그 안에서 다시 태어나는 것에 집중하게 된 것으로 보인다. 왜냐하면 시간은 "외길"이고 "일방통행"이므로 "벗어날 수 없"기 때문이다. 그러나 시간은 "이 세상/ 유일하게 평등"하다.

> 사람도 나무도 새도
> 모두가
> 흠뻑 젖어있네
>
> 쏟아지는 빗속
> 우크라이나의 슬픔이
> 이태원의 아픔이 핏물처럼 고인다
>
> 미사일이 날고
> 베네치아가 잠기고
> 시의 눈물이 방울 방울진다
>
> 사람 나무 새
> 한마음으로
> 하릴없이 빗길을 간다
>
> ―「장마」 전문

　사람, 나무, 새 모두가 슬픔에 흠뻑 젖어 있고 걸음마다 아픔이 고이는 이유는 무엇인가. 그것은 모두 인재人災다. 유한한 인간이 스스로 계급을 나누고 경계를 나누는 부조리함. 이 부조리한 세상에서 평등은 그야말로 그 원인을 제공하는 이들이 깨달아야 할 "불가역"을 일깨운다. 시인은 그 불가역을 인식하였고 그 결과 사는 서러움(「꽃샘 봄」) 속에서 "날아갈 채비"(「9월」)을 앞두고도 그 "서러움마저도/ 아름"답다(「모과나무」) 노래할 수 있었던 것이다.

3. 합일에서 찾은 세계의 궁극적 진경

"보탤 것도/ 뺄 것도 없는 시간"(「9월」)에서 그의 시간은 깊어갔다. 시간이 주는 평등이라는 안녕 속에서 그는 자유롭게 세계의 진경을 맛본다.

> 익다 익다
>
> 마침내
> 검붉게 물들어 내뿜는
>
> 삶의 깊은 향기
>
> ─「모과처럼」 전문

이 시는 삶의 기쁨의 파토스를 응축된 언어로 토해내고 있다. 그 경쾌하고 진한 기쁨의 향기는 보는 이로 하여금 슬픔을 걷어내고 삶의 기쁨을 만끽하게 하는 힘을 전달한다.

백담百潭이
만홍滿紅이더라

간밤에 뿌린 비
해묵은 아픔 다 씻어내고
살포시 피어오르는 물안개

가난한 마음이
설핏 훔쳐본

머언 피안彼岸
황홀한 노을이여

—「백담사」 전문

그의 작품 속에서 세계에 대한 자아의 경외감이나 기쁨이 위 시의 단계에 머물렀더라면 그의 전체 작품은 그저 팔순을 바라보는 노老시인의 관조적 시선視線 정도로 치부될 수 있다. 그런데 그의 시 중 다소 낯선 소재의 작품이 있다.

긴 날개 활짝 펴고
선회하는 새

신록 휘감아 도는 쪽빛 물결
동공에 가득 담고

마음풍선은
두둥실
한 조각 구름이어라

육백고지 창공에 펼친
에메랄드 꿈결 한 자락

삶의 묵은 때 휘리릭
날려 버리는
바람 한 줄기
(단양에서)

　　　　　　　　　　　—「패러글라이딩Paragliding」 전문

　이 작품의 소재는 패러글라이딩이다. 시간의 평등함을 인식한 속에서, 재 속에서 석류를 찾아내는 단계에서 그는 세계의 진경을 마주한 듯 보인다. 패러글라이딩은 그러한 계기를 제공한 경험 중 가장 원초의 경험으로 짐작된다. "마음풍선은/ 한 조각 구름이어라"라는 표현이 만약 상상에 의한 것이었다면 시의 느낌이 그렇게 크게 닿지는 않았을 것이다. 그러나 그는 실제 하늘을 나는 경험을 했을 것이리라. 자신의 몸이 한 조각 구름이 되는 것을 상상한 것과 실제 체감한 것은 큰 차이가 있는데 "쪽빛 물결"이 "동공에 가득 담"긴다는 표현의 생생함은 자신이 구름이 된 것과 같은 체험이 직접적 원체험이기 때문일 것이다. 이 때 시인이자 화자는 "삶의 묵은 때 휘리릭/ 날려 버

리는 바람 한 줄기"의 경험으로 자신에게 쌓인 고민, 분노 등
의 복잡하고 무거운 심상 즉, 켜켜한 삶의 때를 벗어던진 듯하
며 이때부너 그가 자신을 "꽃길"에 놓을 것심을 결심한 것으로
보인다.(「구절초 가을」)

피어오릅니다
온 산 가득
은은히 퍼져나갑니다
하얗게 하얗게

아침이슬 영롱히
눈인사하네요

꽃길에서는 누구나 꽃이 되지요

담담한 미소의 늪에
푹 **빠졌습니다** 그만

　　　　　　　　　　　　　　—「구절초 가을」 전문

탕헤르 저녁노을 기억하시나요
아프리카 북쪽 끝

바다는
호수처럼 잔잔하고
낯선 얼굴들 해변을 걸었다

싹을 틔울까
앨범 속 사진 같은 여행길 만남이

무의식의 갈피에서 찾아낸
오랜 인연이었던가

길 위에서 만나
함께 걷는 저녁노을
맞잡은 손이 따스하구나

— 「동행」 전문

그는 "꽃길에서는 누구나 꽃이" 된다는 인식 안에서 스스로를 꽃길로 던진다. 그렇게 탄생한 여행시들에서 그는 "탕헤르 저녁노을"과 만나고 "낯선 얼굴"들과 해변을 거닐지만 마치 "앨범 속 사진 같은 여행길 만남"처럼 이국을 친숙하게 받아들인다. 그것은 무의식의 세계이자 피안의 세계이며 그 안에서 잡은 손들은 낯선 손이든 노을의 손이든 "따스하"게 동행한다.

이렇듯 세계의 여러 이국 체험에 관한 시편들은 그가 한껏 자유로워질 수 있었던 장면들을 보여준다. 또한 때로는 화자의 내면적 자아를 발견하게 된 고흐마을(「고흐마을」)에서는 "비쩍 마른 사내가/ 아직 서성이"는 모습을 통해 아직 완전히 풍요, 자유롭지 못한 내면을 고백하기도 한다.

이러한 이국을 배경으로 한 작품 중 백미는 이 서로 간의 닮음은 좁은 새장의 새가 자유를 얻듯 세계의 곳곳에서 공통의 감각을 통해 서로 하나라는 실체적 증거를 마주한 지점이다.

　하루 반나절 긴 강을 거슬러 오르는 뱃길 끝 무렵, 사람들은
피로에 젖어 들고 있었다 사방은 끝없이 푸르른 논, 지평선의
끄트머리에서 갑자기 바늘 끝 같은 광채가 빛나기 시작했다
승객들 하나둘 일어나 두 손 모아 섬광을 향하여 기도 드린다
멀리 밀레의 만종晚鐘 낮은음 소리가 들린다

　배가 서서히 다가가자 작은 광채는 황금빛 원형의 돔으로
부풀어 올랐다 번쩍이는 온몸을 드러내는 쉐다곤 파고다, 거
대한 미얀마 양곤의 불탑 수 킬로미터 떨어진 초원 너머까지
금박 탑신에 반사된 햇빛이 보석처럼 영롱하였다

　뱃전에는 승려도 목사도 없이 물소리 바람소리 그리고 다냥
한 햇살이 가득할 뿐인데, 두 손 모은 가난한 얼굴에 위로의
그늘이 서서히 드리워진다 빈 마음에 작은 행복이 그렁그렁
채워지고 있었다

　　　　　　　　　　　　　　　　　　　　　　—「양곤의 빛」 전문

　그는 미얀마의 절에서 밀레의 만종晚鐘의 빛을 듣는다. 이것
은 세계에 대한 혼연한 감각이 구체적으로 형상화된 것으로 동
양과 서양, 피로와 희망의 광채, 고개 숙임과 기도, 승려와 목
사, 물소리와 바람소리와 햇살, 절망과 위로의 혼연의 경지를
보여주는 절정의 감각을 보여준다. 그는 빈 마음에 "작은 행
복"을 채우는 과정을 담은 이 시를 통해 시인이 자신을 스스로

꽃길에 둔 후 그 진경 안에서 스스로 꽃이 되는 과정을 여실히 보여준다 하겠다. 이 외에도 「투우와 병사」, 「북쪽 가는 길」 등의 작품을 통해 그가 얻은 삶의 추동과 내면의 평화 등을 확인할 수 있다.

4. 존재와 시간의 합일

"꽃길에서는 누구나 꽃이 되"는 그가 마치 순교자의 태도로, 새로운 출발을 결심한다. 살면서 그는 여러 작별을 했을 것이다. 몇몇 조시가 그러한 사건을 짐작케 한다. 그가 어머니를 묻은 곳이 산이 되었고 그것이 여전히 수묵화인 것은 살면서 맞닥뜨린 몇 개 죽음을 끝이라 여기지 않고 언제나 연속선상에 놓게 된 과정에서 발생한 것이겠다. 죽음이라는 끝을 단정하지 않고 지연한 상태에서 그의 어머니는 여전히 창가에 앉아 있다.

> 아버지 머리맡에 작은 트랜지스터 라디오 하나
>
> 코 고는 소리에 살며시 전원을 끄면
> '잘 듣고 있는데 왜 꺼'
> 다시 켜고는 잠결에 빠져듭니다
>
> 요즘 나는 유튜브를 켜고
> 아버지처럼

소리를 품에 안고 잠길에 듭니다

—「꿈길에 동행하다」 전문

특히 이 시에서는 그가 이제는 아버지와 같은 모습을 함으로써 시간과 역사를, 과거와 현재를 한 점 현재에 두게 된다. 그의 시간은 정지되지 않고 과거는 현재가, 현재는 다시 미래가 된다. 그는 과거의 소재를 통해 아버지를 추억하지 않는다. 그는 라디오를 듣는 시간대에 있지 않다. 그는 라디오 대신 유튜브를 듣는다. 그의 아버지의 위치는 "라디오"가 아니라 '듣는 행위'를 하는 "아버지처럼 / 소리를 품에 안고 잠길에" 드는 "나"에게 있다. "나"의 안에 과거와 현재, 그리고 미래, 시간과 역사가 있는 것이다.

아아아아아아아아아아아아아아아아아아아아아...................

—「2019년 가-ㄹ」 전문

시인이 시간의 굴레에서 벗어난 직접적 원인에 코로나 19의 창궐이 연관이 있어 보인다. 코로나 19는 많은 사람들에게 여러 계기를 안겨주었다. 동시다발적으로 발생한 여러 죽음들이 시인에게도 어떤 계기가 되었던 것이겠다. 위 작품은 그의 시적 인식의 첨예함을 보여주는 작품으로 마치 "소리 없는 아우성"(「깃발」, 유치환)의 오마주처럼 읽힌다. 그해 가을 너무나 많은 비명들이 소실점을 이루도록 창궐하였으니 그 어떤 당시의 고통을 다룬 시편들보다 절절하고 애절하다.

처음 시계 보는 법을 배울 때는 시침과 분침이 꽤나 혼란스
러웠지만 이내 익숙해져 삶의 기본이 되었다 그런데 정작 시간
의 본질이 무엇인지 언제 왜 만들어졌는지 내게는 아직도 정립
된 인식이 없다.

정지된 시간에서 빙긋이 웃고 있는 영정 앞에 하얀 국화 한
송이로 고개 숙여 작별을 고告한다 시간의 갈림길에는 어떤 이
정표가 있을까 그는 어떤 시간표를 따라 이 시간의 세계를 떠
나갔을까 지나간 시간에 대한 화제로 빈 마음을 달래고 객客들
은 하나둘 자리를 뜬다

시간만큼 정직하고 공평한 것은 없다 한다 편안히 웃으며 떠
나는 얼굴이 내게 슬며시 시간이 무엇인지를 일깨워 주려나 보
다 그는 시간의 본질을 깊이 터득하고는 일찌감치 먼 길을 떠
나간 게 아닐까

　　　아, 이제 시간의 굴레에서 벗어난 사람아
　　　　　　　　　　　　　　　　　　　　　　　　—「존재와 시간」부분

위 작품은 「불가역不可逆의 길」과 더불어 전체 시편에서 몇
안되는 그의 사유를 날것으로 밝힌 작품이다. 화자는 영정 앞
에서 작별을 고한다. 그 죽음은 각자 다르지만 어느 빈소나 그
렇듯 결국 죽음의 끝은 빈 자리다. 참고로 그의 시집의 여러 시

편에서 그가 마주하는 빈 이미지는 죽음 뒤의 빈 자리를 뜻한다. "빈 마음에 작은 행복이 그렁그렁 채워지고 있었다."(「양곤의 빛」)의 구절에 등장하는 "빈 마음"이 송남영 시의 '빈' 이미지를 잘 설명해 주는데 이는 꼭 죽음 뒤의 빈 자리는 아니다. 살아서도 죽음을 두려워하고 자유롭지 못하게 되면 살아 있는 존재든 죽은 존재든 '빈 자리'를 갖게 된다고 그는 여긴 것 같다. 차이가 있다면 살아서 마음에 빈 자리를 갖는 자는 그 안에 희망 대신 공포가 자리하였을 것이다.

이러한 빈 자리를 두고 먼저 떠나간 이에 대한 그의 태도가 남다르다. 먼저 떠나간 이는 "편안히 웃으며" 나를 일깨운다. "시간의 본질을 깊이 터득"한 자가 "일찌감치 먼 길을 떠나"갔다는 죽음에 대한 그의 시각은 죽음을 맞이한 존재를 "이제 시간의 굴레에서 벗어난 사람아"라 일컫는다. 이는 그의 인간 존재에 대한 시각이 시간을 넘어선 존재로 나아갔음을 보여주며 그가 추구하는 마침이자 궁극적인 시작이 시간이라는 궁극적 규준조차 벗어난 절대적 자유의 존재임을 드러낸다.

사람은 사람의 시간을 살고
나무는 별의 시간을 사는가

하지만 황혼이 온 산하를
불그레 물들이면

사람과 나무, 별 모두 잔잔히

위로의 시간을 맞는다

― 「느티나무와 시간」 부분

사람과 나무와 별이 하나가 된 그 시간에는 모두가 구별이 없다. 그것이 위로받는 시간을 가능하게 해줌을 그는 이 시를 통해 말하고 있다. 장자가 호접몽胡蝶夢에서 물아일체를 이야기했을 때의 물은 자연이며 일체된 존재는 자연과 나이다. 그는 이 합일에 황혼으로 표현되는 '죽음'이라는 실체적 시간으로 대표되는 우주의 존재를 더한다. 이들의 합일은 위로의 시간으로 치환된다. 마침내 그도 독자도 진정한 위로라는 죽음으로 부터의 자유를 선물받게 되는 것이다.

5. 마치며

지금까지 송남영 시인의 『꽃 편에 묻다』에 담긴 시세계를 살펴보았다. 희노애락애요욕喜怒哀樂愛惡慾을 떠나서 존재할 수 없는 서정은 그 깊이가 심화될수록 인간의 근원을 향할 수밖에 없다. 그가 이번 시집에 담은 깊은 서정의 세계는 자연-세계-존재의 합일된 상태에서 출발한다. 그는 현재에서 아름다움을 발견하고 이질적인 대상의 비범한 합일을 보여준다. 죽음에 대한 공포는 그리 쉽게 극복될 수 없다. 나이가 어느 정도 들었을 때 들려주는 달관의 모습으로 일관하였다면 쉬 동의받을 수 없을 것이다.

그는 과거에서 현재를 보고 현재에서 미래를 본다. 시간의 굴레에서 벗어난 영혼이지만 그는 스스로 그 몸을 벗어나지 않고 초월하지 않는다. 관조의 유혹에서 벗어나 그는 그 몸으로 아버지가 되어보고 어머니를 현재에서 마주한다. 이토록 자유로워진 그는 이 세상 소풍(천상병 「귀천歸天」) 온 김에 꽃길 따라 걸으며 한껏 그 사는 기쁨(『사는 기쁨』, 황동규)의 실제적 진경을 마주한다. 그는 죽음을 인식하되 좌절하지 않고 죽음 이후의 빈 자리를 존재가 다음 단계로 출발한 근거로서 마주한다. 그렇게 그는 이 세상 때를 바람에 날리고(「패러글라이딩Paragliding」) 세계 내 현존재로서, 이 세상 안에서 당당히 자유롭게 노닌다. 그의 시는 죽음과 세계 안에 놓인 실존자가 관념이나 추상적 세계로 회피하지 않고 세계 안에서 자유로워질 수 있는 서정의 한 극단을 보여주는 것이다. 우리 시사에 죽음에 관해 자유로워진 또 한 명의 시인의 탄생을 기쁘게 생각하며 이 다음에는 그가 또 어떤 행보를 보일지 사뭇 기대하게 됨이 즐거울 따름이다.

시인 송남영(宋南永)

대전 출생
서울사대부고 졸업
서울대 농화학과 졸업
계간 『시와 시학』 신춘문예로 등단
시집 『자작나무의 길게 선 그리움으로』 『꽃 편에 묻다』
개인 사진전
〈시와 시학회〉 회원
〈조선 씨니어사진〉 회원
〈상사랑 사진〉 회원

꽃 편에 묻다

지은이 | 송남영

표지디자인 | 송인경

그림 | 정창기

펴낸이 | 안제인리

펴낸곳 | 동행 출판사

1판1쇄 | 2025년 10월 10일

등록번호 | 제2022-000020호

주소 | 서울시 종로구 혜화로 3길 5, 301-410

전화 | 02-744-7480

FAX | 02-744-7480

전자우편 | dhaeng33@naver.com

값 12,000원

ISBN 979-11-984311-96 (03810)

* 이 책의 판권은 지은이와 동행 출판사에 있습니다. 양측의 서면
동의 없는 무단 전제 및 복제를 금합니다.